A. DE VEILLECHÈZE

FAMILLE

RÉNÉ DE VEILLECHEZE

DOCUMENTS & ACTES DE L'ÉTAT CIVIL

VANNES

IMPRIMERIE LAFOLYE

—

1899

FAMILLE RENÉ DE VEILLECHÈZE

A. DE VEILLECHÈZE

FAMILLE

RENÉ DE VEILLECHÈZE

DOCUMENTS & ACTES DE L'ÉTAT CIVIL

VANNES

IMPRIMERIE LAFOLYE

1899

FAMILLE RENÉ DE VEILLECHÈZE

DOCUMENTS & ACTES DE L'ÉTAT CIVIL

Pierre de Veillechèze marié, vers 1520 à Catherine Le Riche, sœur de Guillaume Le Riche auteur de la *Chronique de Saint-Maixent*. 1534 à 1586.

(Dictionnaire des anciennes familles du Poitou, par Beauchet-Filleau).

François de Veillechèze son fils, épouse vers 1560 Jeanne Lucas *(Beauchet-Filleau)*.

Pierre de Veillechèze, fils de François, seigneur des Essarts, maire de Saint-Maixent en 1579, épousa : 1° Françoise Lamy (postérité éteinte), 2° en janvier 1591, Gabrielle Bardon. — Il mourut en 1615. En 1571, il hérita de la terre des Essarts par suite du décès de messire Lucas, prestre, son oncle maternel *(Beauchet-Filleau)*.

Extrait du registre des actes de baptême et de mariage de la paroisse de Saint-Saturnin de la ville de Saint-Maixent (Deux-Sèvres), années 1601, 1624 et 1628.

Du 29 septembre 1601. — Naissance de Michel de Veillechèze.

Le vingt-neuvième jour de septembre mil six cent un fut baptisé Michel, fils de M⁰ Pierre de Veillechèze, seigneur des Essarts, conseiller du Roy et président en l'élection de cette ville de Saint-Maixent, et de dams Gabrielle Bardon et fut né cejourd'hui entre une et deux heures du matin, et sont ses parrains honorable sieur Pierre Aymon seigneur de la Pillochère, et M* Charles Denyort bourgeoys et eschevin de cette ville de Saint-Maixent, maraine Marie Douhet, fille de défunt honorable M° Jacques Douhet, conseiller et assesseur pour le Roy en cette ville, et de dame Marie Laguiller.

Le registre est signé : P. de Veillechèze, Aymon, C. Denyort, Marie Douhet et Babinet, curé.

Pour copie conforme :

Saint-Maixent, en mairie, le seize novembre mil huit cent quatre vingt dix-huit

Le Maire, signé : Ed. Chéreau, *adjoint.*

Du 10 juillet 1624. — Mariage de Jacques Jouslard et de Florimonde de Veillechèze.

Le samedi dixième jour de juillet de l'an de grâce mil six vingt quatre baillé certificat et permission d'épouser, en présence des témoins requis, à Jacques Jouslard, écuyer, sieur de la Régle, conseiller du Roy et président en l'élection de Niort, de la paroisse de Saint-André de Niort.

Et damoiselle Florimonde de Veillechèze, fille de défunt Pierre de Veillechèze vivant sieur des Essarts, conseiller du Roy et président en l'élection de Saint-Maixent et de dame Gabrielle Bardon ses père et mère, de cette ville de Saint-Maixent, le tout avec permission de M. le curé de Saint-André de Niort.

Pour extrait conforme :

Saint-Maixent, en mairie le 13 octobre 1891.

L'adjoint faisant fonctions de maire : signé : Hublin.

Du 22 mai 1628. — Mariage de Michel de Veillechèze et de Catherine Denyort.

Le lundi vingt deuxième jour de may, l'an de grâce mil six cent vingt huit, en l'église paroissiale de Saint, Saturnin de Saint-Maixent fut épousé maitre Michel de Veillechèze, sieur du Bizon, avec dame Catherine Denyort fille de maitre Charles Denyort, avocat de cette élection et échevin, tous deux de cette ville de Saint-Maixent.

Pour extrait conforme :

Saint-Maixent, en mairie, le 5 janvier 1891.

Le Maire, signé : Maucourt.

Extrait du registre des actes de naissance de la paroisse de Saint-Léger de la ville de Saint-Maixent (Deux-Sèvres).

Du 19 janvier 1636. — Naissance de Jehan de Veillechèze.

Le dix-neuvième jour de janvier mil six cent trente-six a esté baptisé en l'église parrochiale de Saint-Léger de cette ville de Saint-Maixent, Jehan fils de honnorable homme Me Michel de Veillechèze, s^r du Bizon, et de dame Catherine Deniort, conjoints ; fut parrain noble Jehan Greffier, juge sénéschal de l'abbaye royale de cette ville de Saint-Maixent et marraine dame Catherine de Veillechèze. Fait ces jour et an que dessus.

Le registre est signé : Mlle de Veillechèze, Jehan Greffier; Catherine de Veillechèze et L. Fougues, curé.

Pour extrait conforme :

Saint-Maixent, en mairie le 1er décembre 1898.

Le Maire, signé : E. Chérau, *1er adjoint*.

Extrait du registre de mariage de la paroisse de Saint-Didier de Poitiers pour l'année 1662.

Du 16 février 1662. — Mariage de Jehan Veillechèze et de Marthe Morillon.

Je soussigné curé de Saint-Didier de cette ville de Poictiers certifie que cejourd hui seizième de febvrier mil six cent soixante-deux ont été espousés par moi vicaire M. Jehan Veillechèze, de la paroisse de Saint-Pierre Loustaud, et dame Marthe Morillon, ma paroissienne, après toutes et chacunes les cérémonies requises et solemnités gardées, canoniquement observées, en présence des parents et amis et autres.

Signé : Mardin, *curé*.

Archives René Barbier.

Extrait du registre de baptême de la paroisse de Saint-Didier à Poitiers pour l'année 1666.

Du 11 novembre 1666. — Naissance d'Anselme de Veillechèze.

Cejourd'hui onzième jour de novembre mil six cent soixante et six a esté baptisé Anselme né dudit jour, fils de M⁰ Jehan de Veillechèze, procureur au siège présidial de cette ville, et de dame Marthe Morillon, son espouse. Le parrain a esté M⁰ Anselme Barbarin, procureur au Présidial, son oncle maternel, et marraine sa tante maternelle Françoise Morillon.

Le registre est signé : de Veillechèze, Anselme Barbarin, Françoise Morillon et Mardin, curé.

Archives privées de M. René Barbier

Extrait du registre des actes de baptême, mariage et sépulture de la paroisse de Saint-Hilaire entre les églises de Poitiers pour l'année 1723.

Du 21 juin 1723. — Mariage de Louis de Veillechèze et de Catherine de Marconnay.

Le vingt et unième jour de juin mil sept cent vingt-trois, après une seule publication de bans faite sans opposition à la messe paroissiale de Saint-Paul de cette ville, ayant, en conséquence obtenu dispense des deux autres bans de Mgr le très révérend Evêque de Poictiers, signé † Jean-Claude Episc. Pictav : en date de ce jour. et plus bas Bomard, ont été épousés par moy et ce du consentement de M. le Curé de Saint-Paul, en face la sainte Eglise, les cérémonies d'icelle canoniquement gardées et préalablement observées, les nommez Louis de Veillechèze, fils de M. Anselme de Veillechèze, secrétaire de la Faculté de droit et de feue damoiselle Angélique Richaud, ses père et mère, et damoiselle Catherine de Marconnay, fille de M. Hilaire de Marconnay, notaire royal en cette ville, et de damoiselle Catherine Babin ses père et mère, tous deux de la paroisse de Saint-Paul de cette ville. La cérémonie de la présente célébration de mariage s'est faite dans la chapelle de la Commanderie et du consentement de M. le curé de St-Savin, en présence des parents et amis communs des unions avec nous soussignés les jour et an que dessus.

Signé au registre : de Veillechèze, Catherine de Marconnay, Deveillechèze, de Veillechèze, Renée Moreau, Lejau, Lejau, Marzellé, Ragot. Thérèse de Veillechèze, Marie Couric, Florence Moreau, Anne Coutant, M.-F. Chastry de Vévolé. Ayrault, Marie-Jeanne Lejau, Louis de Lesme et R. de Veillechèze, curé de Saint-Didier, par permission de M. le curé de Saint-Paul.

Pour copie conforme au registre :

Fait à la mairie de Poitiers, le 17 février 1858.

Le Maire, signé : Grellaud.

Extrait des registres des actes de baptême, mariage et sépulture de la paroisse de Saint-Didier de Poitiers pour les années 1733-1734-1742 et 1747.

Du 17 février 1733. — Naissance de René de Veillechèze.

Le dix-septième jour de fevrier 1733 est né et a été baptisé René fils légitime de M. Louis de Veillechèze, secrétaire de la Faculté de droit et de demoiselle Claude Catherine de Marconnay ses père et mère. Ont été parrein et marreine René de Veillechèze, écholier en troisième, et Thérèse-Angélique de Veillechèze, sœur du baptisé, qui a déclaré ne savoir signer de ce enquise. En foy de quoi je me suis soussigné les jour et an que dessus.

Signé au registre : R. Deveillechèze et R. Deveillechèze, curé.

Pour copie conforme au registre.

Fait à la mairie de Poitiers ce 18 février 1858.

Le Maire, signé : H. Grelleau.

Du 9 décembre 1734. — Naissance de René Marie Vincent de Veillechèze.

Le neuvième jour de décembre 1734 a été baptisé Marie René Vincent, né du jour précédent, fils légitime de M. Louis de Veillechèze, secrétaire de la Faculté de droit de Poitiers, et de damoiselle Claude Catherine de Marconnay ses père et mère. Ont été parrein et marreine M. René Baudouin et dame Geneviève du Vignon qui se sont avec moy soussignez les jour et an que dessus, ainsi signé sur le registre : Geneviève du Vignon Baudouin et R. de Veillechèze, curé.

(Archives privées).

Du 16 août 1742. — Décès de Claude Catherine de Marconnay.

Le seize d'aoûst 1742 est décédée munie seulement du sacrement de l'extrême-onction damoiselle Claude Catherine de Marconnay épouse de M. Louis de Veillechèze âgée de 43 ans ou environ, inhumée le lendemain dans l'église, en présence de plusieurs parents et amis. En foy de quoi je me suis soussigné les jours et an que dessus. Ainsi signé sur le registre R. de Veillechèze, curé, comme oncle, Rose de Veillechèze, Ragot et R. de Veillechèze, curé.

Je soussigné, curé de Saint-Didier de Poitiers, ay l'honneur de certifier à tous ceux à qui il appartiendra que les actes ci-dessus sont véritables et que leurs extraits sont conformes aux originaux. En foy de quoi j'ai délivré le présent certificat pour valoir et servir au besoin ce que de raison.

A Poitiers, le 8 juillet 1762, Signé B. Frère, *curé de Saint-Didier.*

(René Barbier. — Archives privées).

Du 16 janvier 1747. — Décès de René de Veillechèze, curé de Saint-Didier.

Le seizième jour de janvier 1747 est décédé à trois heures du soir, muni des sacrements et âgé de 71 ans et 11 mois messire René de Veillechèze ancien curé de cette paroisse, après l'avoir gouverné en chef pendant 35 ans pleins avec une vigilance pastorale qui rendra sa mémoire recommandable à jamais. Plein de zèle pour le salut de son peuple, il en fut toujours le modèle vivant tant par la dignité de sa morale que par la régularité de sa vie. Animé d'une sainte horreur pour les vices, il rechercha avec tendresse et poursuivit avec vigueur les vicieux pour les retirer de leurs habitudes criminelles. Il fut visiblement possédé d'une sainte et toujours nouvelle ardeur pour le culte de la religion et pour l'honneur et la décoration de la maison de Dieu, ayant de plus une charité extrêmement agissante pour les pauvres. En conséquence de son amour pour eux et des charges de la paroisse, le Roy. à la sollicitation de M. Le Nain, intendant de Poitiers, l'honora, en 1741, d'une pension sur l'abbaye des Châtelliers. Il était, d'ailleurs, depuis 1722, associé à l'ordre des R. P. Capucins, ce qui luy a fait mener, en son particulier, une vie plus austère. Après toutes ces preuves d'une vertu rare poussée jusqu'à vouloir être enterré dans son habit de capucin qu'il portait toutes les nuits et plusieurs heures dans la matinée, et marquée encore par une torche ardente, en réparation de ses fautes dont il fit précéder son corps dans ses obsèques, il fut inhumé, le 18 du dit mois, dans le cimetière, sans doute par humilité et son enterrement se fit en présence de MM ses frères, de cette ville. M. le curé de Saint-Paul, comme sous-doyen de MM. les curés, fit l'office au lieu de M. le curé de Saint-Savin le doyen, absent en raison d'infirmités, et aussi en présence d'un grand nombre de parents et d'un concours prodigieux de peuple. En foy de quoi je me suis soussigné.

Signé : B. Frère, *curé de Saint-Didier.*

(Archives René Barbier).

Extrait des registres de sépulture de l'église paroissiale de Notre-Dame-la-Petite de la ville de Poitiers pour l'année 1761.

Du 16 janvier 1761. — Décès de Louis de Veillechèze.

Le 16 janvier 1761 a été inhumé dans cette église, près les Fonds, M. Louis de Veillechèze, âgé d'environ 64 ans, muni des sacrements de l'Eglise. Ont assisté à son convoy, service et enterrement M. son fils et MM. ses neveux ainsi que plusieurs autres parents et amis.

Signé : Faulcon, *curé de N.-D.-la-Petite.*

Je soussigné certifie le susdit acte vray et conforme à l'original.

Poitiers. ce 8 juillet 1762.

Signé : Faulcon, *curé de N-D.-la-Petite.*

Nous, vicaire général de Monseigneur l'Evêque de Poitiers, certifions à tous ceux à qui il appartiendra que les signatures apposées au bas des actes qui précèdent sont sincères et véritables, et que foy doit y être ajoutée tant en jugement que dehors.

Donné à Poitiers le 10 juillet 1762.

Signé : B. Rabereul, *doyen magnat.*

Par Monsieur le Vicaire général,

Signé : Beauvalon.

(Archives privées).

Extrait du registre des baptêmes, mariages et sépultures de la paroisse de Bouaye pour l'année 1762.

Du 9 août 1762. — Mariage de René de Veillechèze et de Marie David.

L'an 1762, après une bannie légitimement faite dimanche dernier, huitième du présent sans aucune opposition venue à notre connaissance, vu la dispense des deux autres bans accordée par Monseigneur l'Evêque de Nantes en date du six du présent, signé : Berthou de Kerverzio, vic. generalis, insinué le même jour, signé : Emeric, contrôlé le même jour, signé : Giron, ont été admis à la bénédiction nuptiale par nous, vice-gérant soussigné, noble homme René de Veillechèze, chirurgien, fils de noble homme Louis de Veillechèze, secrétaire de la Faculté de droit, et de demoiselle Claude-Catherine de Marconnay, natif de la paroisse de Saint-Didier de Poitiers, vu son extrait baptistaire du dix-septième jour de février 1733, signé René de Veillechèze, curé, vu également les extraits mortuaires de son père et de sa mère ci-dessus nommés, celui de la mère du 16 août 1742, signé : René de Veillechèze, curé, celui du père du 16 janvier 1761, signé : Faulcon, curé de Notre-Dame-la-Petite ; les extraits de la paroisse de Saint-Didier approuvés par le recteur présentement gouvernant, signé : Frère, curé de Saint-Didier et celui de Notre-Dame-la-Petite, certifié par Faulcon, curé de Notre-Dame-la-Petite, le tout duement approuvé par un vicaire général du diocèse de Poitiers, signé : J.-B. Rabereul, doyen, vicaire général, auquel on a apposé le sceau de l'Evêché de Poitiers, habitant de cette paroisse depuis plus de trois ans, et demoiselle Marie David, fille majeure de feu Fiacre David et de demoiselle Marie Chéneau, ses père et mère de cette paroisse. Ont été présents et témoins les sieurs Thomas David, neveu, Joseph Couillaud, Joseph-Bernard, Mauron, Mathurin Letourneux, Jacques Pavageau et les soussignants. Signé : Marie David, René de Veillechèze, J.-B. Mauron, diacre, Thomas David le jeune, Anne Poignand, Marie Merlet, Marie-Anne Poignand, J. Couillaud, M. Letourneux, Antoine Allard, Pavageau, Hugron, vicaire et Merlet, vice-gérant de Bouaye.

Délivré conforme au registre déposé au greffe du tribunal civil de Nantes.

Ce 1ᵉʳ avril 1859.

Le greffier du tribunal, signé : Guilloux.

Extrait du registre des baptêmes, mariages et sépultures de la paroisse de Bouaye pour l'année 1764.

Du 19 décembre 1764. — Naissance de René-Marie de Veillechèze.

Le dix-neuvième jour de décembre 1764 a été par nous vicaire soussigné baptisé René-Marie, né d'hier en ce bourg, fils de noble homme René de Veillechèze, Mᵉ en chirurgie, et de demoiselle Marie David son épouse. Ont été parrain et marraine René Marie Vincent de Veillechèze, maître chirurgien, et demoiselle Marie David soussignés avec le père présent.

Signé : Marie David, Marie-René-Vincent de Veillechèze, René Deveillechèze et Anézo, *prêtre vic.*

Délivré conforme au registre déposé au greffe de ce tribunal.

Nantes, le 7 juin 1859.

Le greffier du tribunal, signé : Guilloux.

Extrait du registre des actes de baptêmes, mariages et sépultures de la paroisse de Bouaye pour l'année 1769.

Du 18 janvier 1769. — Naissance de Pierre de Veillechèze.

Le dixneuvième jour de janvier 1769 a été par nous vicaire soussigné baptisé Pierre, né d'hier en ce bourg, fils de noble homme René de Veillechèze, M⁰ en chirurgie, et de demoiselle Marie David son épouse. Ont été parrain et marraine n. h. Thomas David fils et demoiselle Ursule David, cousins germains de l'enfant, soussignés avec le père présent et autres.

Le registre est signé : Ursule David, Pierre David, Poignand, Blanchard, Fruchol, Thomas David fils. René de Veillechèze et J. Anezo, prêtre vicaire.

<small>Délivré conforme au registre.</small>

En mairie à Bouaye, le 20 juillet 1858. *L'adjoint délégué*, signé : Richardeau.

Extrait du registre des actes de mariage de la ville de Nantes, 1ʳᵉ et 2ᵉ sections, pour l'an II de la République.

Du 8 messidor an II, 26 juin 1793. — Mariage de Marie René Veillechèze et de Jeanne Elisabeth Pellard.

Le 8 messidor an II de la république une et indivisible, à midi et demi étant en la salle des séances publiques de la maison commune, devant moi Jean Quantin Madiot, officier public élu pour constater l'état civil des citoyens, ont comparu en la maison commune René Marie Veillechèze, médecin, âgé d'environ trente ans, fils de René Veillechèze et de Marie David, né en la commune de Bouaye en ce district et domicilié en cette municipalité, section de la Montagne, rue Juiverie, d'une part ; et Jeanne Elisabeth Pellard, rentière, âgée de 27 ans environ, fille de feu Nicolas Pellard et de Françoise Taillard, née en la commune du Pellerin district de Paimbœuf en ce département et domiciliée en cette municipalité, section des agriculteurs, rue Réaumur, d'autre part, lesquels assistés de Blaise Chanceaulme, négociant âgé de 66 ans, de Henri Lehure, ancien marin, âgé de 61 ans, demeurant tous deux section et quai de la Fosse, de Claude François Constantin Brillaud beau-frère de la future à cause de Michelle Marie Pellard son épouse, agriculteur et administrateur du département de la Loire-Inférieure, âgé de 36 ans, demeurant dite rue Réaumur, et de Françoise Taillard, veuve de Nicolas Pellard, mère de la future, âgée de 67 ans, demeurant dite rue Réaumur, m'ont demandé à être unis en mariage, à quoi procédant moi officier public susdit j'ai, en présence de tous, donné lecture des actes de naissance des contractants à moi représentés et à eux remis ainsi que de la publication affichée le 6 de ce mois à la porte axtérieure de cette maison commune et aux sections respectives des parties. Ce fait, le délai de la dite publication étant expiré sans qu'il me soit parvenu aucune opposition, le mariage a été contracté par les déclarations suivantes : le futur, je déclare prendre Jeanne Elisabeth Pellard en mariage ; la future, je déclare prendre René Marie Veillechèze en mariage. Aussitôt après cette double déclaration, j'ai, en vertu des pouvoirs qui me sont délégués, prononcé au nom de la loi, que René Marie Veillechèze et Jeanne Elisabeth Pellard sont unis en mariage. Le tout fait, prononcé et rédigé les dits jour et an sous les seings des époux, des quatre témoins et le mien.

Signé : **René Marie Veillechèze**, **Jeanne Pellard**, veuve

Pellard, Brillaud, René Veillechèze, B. Chancéaulme, Lehure, M. Pellard, femme Brillaud et J. C. Madiot.

Délivré conforme au registre déposé au greffe de ce tribunal.

Nantes, 31 août 1858.

Le greffier du tribunal, signé : Guillou.

Extrait du registre des actes de décès de la ville de Nantes, 17ᵉ et 18ᵉ sections pour l'an II.

Du 9 frimaire an II, 29 novembre 1793. Décès de René Marie Vincent de Veillechèze.

Le 9 frimaire an II, à une heure après midi, sur le certificat de Pimot faisant pour Jean François Beugeard, aumônier de l'hôpital général du Sanitat de Nantes, j'ai rédigé le présent acte de décès de Viellechaise père, chirurgien dans la commune de Vüe, district de Paimbœuf, en ce département, âgé d'environ 56 ans mort ce jour à 8 heures du matin, audit Sanitat où il était détenu. — Témoins du décès ci-dessus François Fouchard, âgé de 35 ans, et François Viau âgé de 84 ans, les deux infirmiers du dit sanitat qui ne signent. — Fait en la maison commune, sous mon seing, les dits jour et an, signé : Gaignard, officier public.

En marge on lit : par jugement rendu au tribunal civil du département de la Loire-Inférieure le 3 de ce mois il a été dit qu'il y avait erreur dans l'acte de décès ci-contre en ce que le décédé y est nommé Viellechaise âgé d'environ 56 ans, au lieu de Marie René Vincent de Veillechèze âgé d'environ 59 ans ses véritables noms et âge, et que la dite erreur serait rectifiée. — Fait par moi greffier dudit tribunal soussigné, ce 12 pluviôse an VI de la République, signé : Blanchard.

Délivré conforme au registre déposé au greffe de ce tribunal.

Nantes, le 19 avril 1859.

Le greffier du tribunal, signé : Péludier, *commis greffier*.

Extrait du registre des actes de mariage des sections Voltaire et Brutus de la commune de Nantes, département de la Loire-Inférieure.

Du 10 fructidor, an VII (30 août 1798.) — Mariage de Pierre de Veillechèze et de Reine-Louise Trouillard.

Le 10 fructidor an VII de la République Française, 10 heures du matin, devant moi Louis-Marie Saget, président de l'administration municipale du canton de Nantes, ont comparu, en la salle des séances publiques de cette maison commune, Pierre de Veillechèze officier marin âgé de 30 ans fils de feus René de Veillechèze et Marie David, natif de la commune de Bouaye en ce département, et y domicilié au bourg dudit lieu, d'une part, et Reine-Louise Trouillard, rentière, âgée de 26 ans, fille de feu Jacques Trouillard et de Reine Villaine, native de la commune de Paimbœuf, en ledit département et domiciliée en cette municipalité, section de Voltaire, quai de Chézine, d'autre part, lesquels assistés de Jean-Marie Deveillechèze, rentier, frère du futur, Claude-François-Constantin Brillaud, juge au tribunal civil de ce département, Jacques Trouillard, officier marin, frère de la future, et Charles Garet, négociant, cousin paternel de ladite future, tous quatre témoins majeurs à ce requis et demeurant en cette municipalité, m'ont demandé à être unis en mariage, à quoi procédant j'ai, Président susdit, donné lecture des actes de naissance des contractants qui seront déposés au secrétariat de cette dite commune. J'ai pareillement donné lecture des publications affichées pendant le temps prescrit par la loi aux portes extérieures desdites maisons communes de Bouaye et Nantes et à la section de la future. Ce fait, le délai fixé desdites publications étant expiré sans qu'il me soit parvenu aucune opposition, ni à l'agent municipal de ladite commune de Bouaye, comme il conste par son certificat du 6 de ce mois, signé Lemaire, agent municipal, le mariage a été contracté par les déclarations suivantes : le futur, je déclare prendre Reine-Louise Trouillard, en mariage ; la future, je déclare prendre Pierre de Veillechèze en mariage. Aussitôt après cette double déclaration, j'ai, en vertu des pouvoirs qui me sont délégués par la loi, prononcé que Pierre de Veillechèze et Reine-Louise Trouillard sont unis en mariage, l e tout fait, prononcé et rédigé lesdits jour et an, sous les seings des époux, des quatre témoins, le mien et celui du secrétaire en chef.

Signé au registre : P. Veillechèze, Reine-Louise Trouillard, Brillaud, J. Trouillard, C. Garet, J.-M. Veillechèze, Saget, président, et Saveneau, secrétaire en chef.

Délivré conforme au registre tenu en double au bureau des actes civils de la commune de Nantes, le 14 fructidor an VII de la République française une et indivisible.

Signé : Barbier, *officier public*.

Extrait des registres de l'état-civil de la commune du Pellerin, déposés au greffe du tribunal civil séant à Paimbœuf.

Du 7 novembre 1826. — Mariage de René-Bon de Veillechèze et de Victorine de Veillechèze.

L'an 1826, le 7 du mois de novembre, avant midi, par devant nous François Poisson, maire, officier de l'état civil de la commune du Pellerin, canton idem, département de la Loire-Inférieure, sont comparus le sieur René-Bon Veillechèze, âgé de 23 ans, médecin né en cette commune le 11 germinal an XI (1er avril 1803) y demeurant chez sa mère au bourg, fils de feu René-Marie Veillechèze, décédé en cette commune le sept août mil huit cent seize, et de dame Jeanne Elisabeth Pellard, rentière, ci-présente et consentante, d'une part ;

Et demoiselle Victorine Veillechèze, âgée de vingt-cinq ans, née en cette commune le 1ᵉʳ thermidor an IX (20 juillet 1801), y demeurant chez son père, au bourg, fille du sieur Pierre-Marie Veillechèze, percepteur des contributions directes, ci-présent et consentant, et de dame Reine-Louise Trouillard, d'autre part.

Lesquels nous ont requis de procéder à la célébration du mariage projeté entre eux et dont les publications ont été faites devant la principale porte d'entrée de notre maison commune, savoir : la première, le dimanche 22 du mois d'octobre dernier, à l'heure de midi, et la seconde le dimanche 29 du même mois, à la même heure. Aucune opposition audit mariage ne nous ayant été signifiée, faisant droit à leur réquisition, après avoir donné lecture de toutes les pièces ci-dessus mentionnées et du chapitre VI du titre du Code civil intitulé : *Du Mariage*, avons demandé au futur époux et à la future épouse s'ils veulent se prendre pour mari et pour femme. Chacun d'eux ayant répondu séparément et affirmativement, déclarons au nom de la loi que le sieur René-Bon Veillechèze et demoiselle Victorine Veillechèze sont unis par le mariage. De quoi avons dressé acte en présence des sieurs Jean-Marie Veillechèze, âgé de 55 ans, oncle de l'époux, greffier de la Justice de paix du canton de Bouaye, domicilié de la commune de Bouaye; Claude-Camille Brillaud de Laujardière, âgé de 34 ans, cousin de l'époux, rentier, Louis Broband, âgé de 46 ans, ex-directeur des Contributions indirectes, cousin des époux, tous deux domiciliés en cette commune, et Jean-Baptiste David, âgé de 52 ans, propriétaire, cousin par alliance de l'épouse, domiciliée commune de Frossay, lesquels, après qu'il leur en a été aussi donné lecture, ont signé avec nous, ainsi que les parties contractantes, la mère de l'époux et le père de l'épouse.

Le registre est signé : V^{ne} Veillechèze ; C. Brillaud ; J.-M. Veillechèze ; Broband; Vve Veillechèze; Vve Trouillard ; Veillechèze, David; Veillechèze; Françoise Pellard; Vve Tourtay ; Cébron ; Zoé Veillechèze ; Normand ; E. Brillaud-Vallois ; MM. Giraud ; F^{me} Brillaud-Laujardière ; A. Brobaud, née Brillaud-Laujardière ; F^y Giraud ; femme Mornet jeune ; J. Mornet ; Lafond ; B. Boquien ; Richer ; Nanine Bonamy, Adine Broband et F. Poisson.

Délivré conforme au registre.

A Paimbœuf, le 29 juillet 1859.

Pour le greffier du tribunal,
Signé : T. Maillard, *commis greffier.*

Par jugement du 5 août 1859, le tribunal civil séant à Paimbœuf a rectifié l'acte de mariage du sieur René Bon Veillechèze avec demoiselle Victorine Veillechèze en ce sens que la particule *de* sera ajoutée devant le nom Veillechèze.

Paimbœuf, le 8 août 1859.

Le greffier du tribunal, signé : Gourvest.

Vu par nous président du tribunal civil séant à Paimbœuf pour légalisation de la signature de Me Gourvest, greffier de ce tribunal, apposée ci-dessus.

Paimbœuf, le 8 août 1859.

Le Président du tribunal, signé : F^d Loysel.

Extrait des registres de l'état civil de la commune du Pellerin pour l'année 1854.

31 janvier 1854. — Mariage de Etienne-Michel-Barthélémy Benoist et de Victorine-Marie-Reine de Veillechèze.

L'an 1854, le 30 du mois de janvier à 11 heures du matin devant nous soussignés Gabriel Félix Chatelier délégué de M. le Maire faisant fonction d'officier de l'état civil, ont comparu en la maison commune Etienne-Barthélémy-Michel Benoist, docteur en médecine, célibataire, fils majeur d'Etienne-Jean Benoist, propriétaire, et d'Adélaïde Constance Bricart, son épouse, demeurant au Pellerin, né à Nantes le 30 janvier 1818.

Et Victorine-Marie-Reine Veillechèze née au Pellerin le 20 du mois d'août 1829, fille majeure de René et de Victorine Veillechèze, demeurant également au Pellerin.

Lesquels nous ont requis de procéder au mariage projeté entre eux et dont les publications ont été faites et affichées à la porte de notre maison commune. Après lecture faite par nous de toutes les pièces exigées ainsi que du chapitre VI, titre V du code civil intitulé « du mariage », nous avons demandé aux futurs époux s'ils veulent se prendre pour mari et pour femme. Chacun d'eux ayant répondu séparément et affirmativement, nous avons prononcé au nom de la loi qu'Etienne Barthélemy-Michel Benoist et Victorine Marie-Reine Veillechèze sont unis par le mariage. Et, sur l'interpellation par nous adressée aux époux et aux personnes sous l'autorité desquelles ils viennent de contracter mariage d'avoir à déclarer s'il a été fait un contrat de mariage, ils nous ont répondu affirmativement et que le contrat est en date du 26 janvier, au rapport de Mᵉ Eugène Riom, notaire à Nantes.

De quoi avons dressé acte en présence d'Achille Louis-Marie Pineau, juge de paix, âgé de 65 ans, d'Etienne Lemonier propriétaire, âgé de 22 ans, les deux cousins de l'époux, d'Alfred-Pierre-René Veillechèze, commis de direction des douanes, âgé de 27 ans, frère de l'épouse et de Thomas de Veillechèze, propriétaire, âgé de 56 ans, cousin de l'épouse, tous les quatre témoins demeurant à Nantes.

Les époux, leurs mères, le père de l'épouse et les témoins ont signé avec nous le présent acte, sauf le père de l'époux empêché.

Le registre est signé : Vve Veillechèze, E. Benoist, Veillechèze, Pineau, A. Veillechèze, C. Benoist, E. Lemonier, de Veillechèze, Victorine Veillechèze, B. V. Perchais, Emilie Benoist, Z. Veillechèze, L. Pineau, A. Pineau, M. M. Giraud Emilie de Veillechèze, Léonie Lemonier, N^{o} Goy, A^{al} de Veillechèze, T. de Veillechèze, T. Bessard du Parc, E. Boquien, F. Janvier, P. Boquien et Gabriel Chatelier, adjoint.

En marge de l'acte se trouve la mention suivante.

Par jugement du tribunal civil de Paimbœuf du 30 décembre 1881 l'acte ci-contre a été rectifié en ce sens que la particule *de* sera ajoutée devant le nom patronymique « Veillechèze » dans lequel est désignée l'épouse.

Le Maire, signé : Audicq.

POUR COPIE CONFORME.

En Mairie au Pellerin, le 15 janvier 1899.

Le Maire, signé : A. Bertreux.

Extrait du registre de mariage de la ville de Nantes, département de la Loire-Inférieure pour l'année 1859.

Du 16 novembre 1859. — Mariage de Alfred-Pierre-René de Veillechèze et de Clarisse-Adélaïde Chenantais.

L'an 1859, le 16 novembre à dix heures du matin, devant nous soussigné Félix Guillemet adjoint et officier de l'état civil délégué de M. le Maire de Nantes, sénateur, officier de la Légion d'honneur, ont comparu en la maison commune Alfred-Pierre-René de Veillechèze, commis de première classe des douanes, célibataire, fils majeur de René-Bon de Veillechèze, médecin, âgé de cinquante-six ans, et de Victorine de Veillechèze, son épouse, âgée de 58 ans, propriétaire, demeurant au Pellerin, Loire-Inférieure, présents et consentants, né le 8 septembre 1827 audit lieu et domicilié à Nantes, rue du Chapeau-Rouge, 5e canton, d'une part ;

Et Clarisse-Adélaïde Chenantais, propriétaire, célibataire, fille majeure de feu Etienne-François-Martin Chenantais, propriétaire, décédé à Paris (Seine), et de Marie-Magdelaine Broband, sa veuve, propriétaire, âgée de soixante-seize ans, présente et consentante, née le six mai mil huit cent vingt-six à Tours (Indre-et-Loire) et domiciliée à Nantes, chez sa mère, rue Jean-Jacques, 5e canton ; lesquels nous ont requis de procéder à la célébration du mariage projeté entre eux et dont les publications ont été faites et affichées à Nantes, les dimanche six et treize novembre présent mois, délivrées sans opposition. Les actes de naissance du futur et celui du décès du père de la future nous ayant été remis, il en a été donné lecture ainsi que du chapitre VI du titre V du code Napoléon intitulé : du mariage. Ayant ensuite demandé aux futurs s'ils veulent se prendre pour mari et femme, chacun d'eux ayant répondu séparément et affirmativement, avons prononcé, au nom de la loi, que Alfred-Pierre-René de Veillechèze et Clarisse-Adélaïde Chenantais sont unis par le mariage. Et, sur l'interpellation à nous adressée aux époux sus-dénommés et aux personnes sous l'autorité desquelles ils viennent de contracter mariage, d'avoir à nous déclarer si les conventions de leur union ont été réglées par contrat, ils nous ont répondu affirmativement et que le contrat est en date du douze novembre courant au rapport de M° Adrien-François-Eugène Manchon, notaire à Nantes. De quoi avons dressé acte en présence de Thomas de Veillechèze, propriétaire, âgé de soixante-deux ans, cousin de l'époux, demeurant boulevard de Lorme, Etienne Benoist, docteur médecin, âgé de quarante-deux ans, beau-frère de l'époux, demeurant au Pellerin, Loire-Inférieure ; Joseph-Fleury Chenantais, architecte, chevalier de la Légion d'honneur, âgé de quarante-neuf ans, demeurant rue Lafayette et Jules-Louis Chenantais, docteur médecin, âgé de trente-neuf ans, demeurant rue Jean-Jacques, tous les deux frères de l'épouse. — Les époux, leurs mères, le père de l'époux et les témoins ont signé avec nous le présent acte.

Signé au registre : A. de Veillechèze, Clarisse C. Chenantais, V. de Veillechèze, M¹ᵉ Chenantais, R. de Veillechèze, T. de Veillechèze, Benoist, Jʰ Chenantais, J. Chenantais et F. Guillemet, adjoint.

Pour extrait certifié conforme au registre de la Mairie.

Nantes, le 31 octobre 1898.

Le Maire, signé : Le Cadre, *adjoint*

MAIRIE D'AMBOISE

Extrait des registres de baptêmes, mariages et sépultures de la paroisse de Saint-Florentin d'Amboise, département d'Indre-et-Loire, année 1774.

Naissances. 22 juin 1794. — Etienne-François et Etienne-François-Martin Chenantais (enfants jumeaux).

Le 22 juin 1774 ont été par nous dom Martin Jean-François Aubry cellerier et dépositaire de l'abbaye de Cormery, baptisés Etienne-François et Etienne-François-Martin enfans jumeaux, nés le jour précédent, fils de François Chenantais de l'Offérière, receveur des domaines du Roy à Amboise, et de dame Renée-Madeleine-Amable-Adélaïde-Victoire Aubry sa légitime épouse. — Ont été parrain et marraine de l'un et de l'autre très haut et très puissant seigneur, Monseigneur Etienne-François de Choiseul, duc de Choiseul-Amboise, pair de France, marquis d'Estainville et de la Bourdaisière, chevalier des Ordres du Roy et de la Toison d'Or, lieutenant général des armées de Sa Majesté, gouverneur et lieutenant général de la province de Touraine, gouverneur et grand bailly de Mirecourt et du pays des Vosges Oberlandrogt, grand bailly de la préfecture Dagueneau, ministre d'Etat, et très haute et très puissante dame madame Louise-Honorine Crozat du Châtel, duchesse de Choiseul Amboise, épouse dudit seigneur son mari, bien et duement autorisée pour l'effet des présentes, demeurant ordinairement à Paris en leur hôtel rue de Choiseul, paroisse Saint-Eustache de présent en leur château de Chanteloup près du dit Amboise, lesquels ont fait et constitué, pour ces présentes et tenir sur les Fonds en leurs noms les deux enfans ci-dessus, les personnes du sieur Jacques Prud'homme, secrétaire de mondit seigneur duc de Choiseul, et de dame Marie-Anne Suzanne Bellin épouse de M. Ambroise Ribot, intendant de mon dit seigneur, par acte passé devant Bellin et son confrère notaires royaux audit Amboise le 21 du présent et scellé le même jour. Signé, enfin : le duc de Choiseul, la duchesse de Choiseul, Bellin, lesquels représentant et le père cy présents ont signé avec nous.

Le registre est signé : Ribot, J Prud'homme, Amable Aubry, Chenantais, Aubry et Duprat, curé.

Délivré le présent extrait conforme au registre par nous maire d'Amboise soussigné le 8 mai 1871.

Le maire d'Amboise, signé : Moreau, *adjoint*.

NOTES

De Veillechèze. Famille originaire de Saint-Maixent, ville à laquelle elle a donné plusieurs maires et où elle a occupé les premières charges de la magistrature. (*Beauchet-Filleau*).

La première charte où l'on voit figurer ce nom est un traité passé entre Foucaud de Salenchaus et les religieux de Saint-Maixent en 1116 et auquel assiste comme témoin Audebertus de Villecaza. Tirait-il son nom de la terre de Villechèze près Confolens ? ou était-ce un ancêtre des de Veillechèze qu'on retrouve à plusieurs siècles d'intervalle, dans la même ville de Saint-Maixent, tout cela n'est pas impossible, mais demeure bien incertain en l'absence de documents qui le prouvent. Je crois devoir citer ce que l'on a dit avant moi, sans vouloir me lancer davantage dans ce que l'on peut appeler la généalogie mythologique.

A. — De toutes les personnes de ce nom qui, au XVIe siècle, habitaient Saint-Maixent, Pierre de Veillechèze, marié à Catherine Le Riche semble le seul dont la postérité se soit perpétué jusqu'à nos jours. Sa femme appartenait à une famille jouissant dans la contrée d'une juste notoriété. Guillaume Le Riche, son frère, est l'auteur d'une chronique de Saint-Maixent fort intéressante s'étendant de 1534 à 1586.

B. — Leur fils, François, épousa Jeanne Lucas dont plusieurs ancêtres furent Maires de Poitiers. Elle était, m'a-t-on assuré sœur ou proche parente de Jacques Lucas, conseiller au Présidial de Poitiers, qui, en 1569, Charles IX régnant, fut appelé au Parlement de Bretagne, de création récente, en qualité de Président à Mortier et dont descendent les Lucas de la Championnière (V. P. de Courcy, *Armorial de Bretagne*).

C. — En 1571, Pierre de Veillechèze, conseiller du Roy et Président en l'Election de Saint-Mexent, hérite de la terre des Essarts par suite du décès de Messire Lucas, prêtre, son oncle maternel. Il était seigneur des Essarts et maire de Saint-Mexent en 1579. Les enfants que lui donna sa première femme, Françoise Lamy n'ont pas laissé de postérité mâle. De sa seconde union, vers 1590, avec Gabrielle Bardou naquirent : 1° Catherine née le 26 mars 1592 ; 2° Jacques né le 29 mars 1593 ; 3° François, dont descend la branche de la Mardière, né en 1596 ; 4° Jeanne, née le 11 juillet 1598 ; 5° Michel, notre aïeul, 29 septembre 1601 ; 6° Florimonde, née le 13 mars 1605, mariée le 10 juillet 1624 Voir cet acte à sa date).à Jacques Jouslard écuyer, sgr de Chantecaille. D'après une lettre du maire de Saint-Maixent du 11 novembre 1898, il eut plusieurs autres enfants de Gabrielle Bardon. Il mourut en 1615. Les archives de Saint-Maixent remontent irrégulièrement à 1560. Les années 1595 et 1596 font défaut.

D. — Michel de Veillechèze, sieur du Bizon, naquit, comme il est dit ci-dessus, le 29 septembre 1601. Il épousa le 22 mai 1628, Catherine de Nyort, fille de Charles, son parrain. Son acte de mariage est muet sur le nom de ses parents. Plus complet est celui de sa sieur Florimonde. A cette époque, aucune loi ne réglementait la tenue des registres de baptême, mariage et sépulture intéressant cependant toutes les familles puisqu'ils résumaient officiellement toutes les filiations. Il fallut, pour remédier à ce fâcheux état de choses, l'ordonnance royale rendue par Louis XIV, à Saint-Germain-en-Laye, en avril 1667 qui prescrivit aux chefs de paroisse de tenir les régistres en double et d'en déposer un au Présidial, à la fin de chaque exercice.

E. — Né à Saint-Maixent le 19 janvier 1636, Jean de Veillechèze, fils de Michel et de Catherine Denyort, fut le premier des siens à venir se fixer à Poitiers pour s'y créer une position. Il s'y créa surtout des enfants, car de ses deux femmes il en eût seize ou dix-sept.

Nommé procureur au présidial il épousa en premières noces, le 16 février 1662 (Voir son acte de mariage) Marthe Morillon dont il eût neuf enfants tous baptisés à Saint-Didier.

1º Charles, né le 13 mars 1662, filleul de Charles de Veillechèze avocat du roi à Saint-Maixent, sieur du Bizon son oncle paternel, et de Charlotte Cesbron veuve Morillon, son aïeule maternelle ;

2º François, du 8 mai 1664, filleul de François Riche, son oncle maternel, et *de Catherine Denyort, son aïeule paternelle* ;

3º Marie Anne, du 16 août 1665 filleule de Jean Bourgnon procureur au présidial (aïeul des barons de Layre actuels, et d'Anne Morillon sa tante maternelle, femme d'Anselme Barbarin.

4º *Anselme* (notre aïeul) du 11 novembre 1666, filleul d'Anselme Barbarin, procureur au présidial, son oncle maternel, et de Françoise Morillon, sa tante maternelle (Voir son acte de naissance).

5° Jean, du 18 novembre 1667, filleul de vénérable Messire Jean Berrin, Chanoine-Massiers à Notre-Dame la grande, et de Charlotte Cesbron, veuve Morillon, son aïeule :

6° Autre Jean, du 25 juillet 1669, filleul de son oncle François Riche et d'Elisabeth Bourgnon.

7° Jeanne, du 4 mars 1671 filleule de *Charles Denyort, son grand oncle* et de Jeanne Doussineau femme de Messire Pierre Chevalier, Ecuyer sieur de la Chevalerie assesseur en l'Election de Saint-Maixent, fils de Jacques et de Jeanne de Veillechèze.

8° Catherine, du 7 mai 1672, filleule de Jacques Bourgnon, avocat au Présidial, et de Catherine de Conty, sa cousine issue de germaine (fille de Georges de Conty et de Gabrielle Deveillechèze ;

9° Charlotte, du 24 juin 1673 (morte le 14 octobre 1676) filleule d'Anselme Deveillechèze son frère et de Marie-Anne sa sœur.

A cette dernière naissance, la neuvième en onze ans, Marthe succomba de fatigue et d'épuisement de tant de grossesses incessantes. Six mois après son époux la remplaçait, en l'Eglise de Saint-Didier, par Marie Bourceau qui, à son tour, lui donna sept rejetons. — Un seul nous intéresse, René, venu au monde le 26 février 1675.(1) Il fut, pendant trente-cinq ans, curé de Saint-Didier et on le voit, durant cette longue période, baptiser, marier et enterrer un grand nombre de ses proches. En certains cas, même, il signe deux fois le même acte, et comme oncle et comme curé. Il mourut le seize janvier 1747 (Voir à cette date) laissant la réputation d'un saint homme. C'est en souvenir de lui que, depuis lors, son prénom de René est devenu pour ainsi dire héréditaire en sa famille.

(1) Filleul de René Bourceau sieur de la Tousche son oncle maternel et de sa tante paternelle Catherine Deveillechèze femme de Hyacinthe Charrault.

Jean Deveillechèze eût comme on peut le constater, une nombreuse lignée ; mais la quantité ne suppléait pas à l'insuffisance des soins qu'à cette époque on donnait aux enfants et de seize héritiers, cinq seulement devaient faire souche et trois perpétuer leur race, ce sont : Anselme par les Deveillechèze, Catherine par les Gaulthier puis par les Barbier, et Thérèse, du second lit, par les Ragot.

F. — Son fils Anselme, sieur de la Bodelière filleul de son oncle maternel Anselme Barbarin, né comme il est dit plus haut, le 11 novembre 1666, épousa en l'année 1693, Angélique Richaud de la Paroisse de Saint-Paul, qui mourut, même paroisse, le 27 mai 1710.

Anselme fut secrétaire de la Faculté de droit de Poitiers. Il avait 56 ans lorsqu'il assista au mariage de son fils Louis, qui suit, et en faveur duquel il se démit de sa charge. Un autre fils, René, fut premier syndic et doyen des Procureurs au Présidial. Il épousa, paroisse de Saint-Michel, le 8 août 1724, Marie-Jeanne Ginot et y fut enterré le 14 juin 1784. — Il est le chef de la branche Deveillechèze-Ginot.

G. — Louis Deveillechèze, secrétaire de la Faculté de droit, né en 1697, épousa le 21 juin 1723 (Voir son acte de mariage) Catherine fille d'Hilaire de Marconnay se rattachant à une famille d'origine chevaleresque. Il en eût : 1º Thérèse qui toute jeune, fut marraine de son frère René ; 2º Jean René, né en 1728, mort en 1811 Chanoine de Poitiers ; 3º René ; 4º René-Marie-Vincent. Leur mère mourut à 42 ans, soit subitement, soit accidentellement, car elle ne reçut que le sacrement d'extrême onction et fut inhumée dans l'église de Saint-Didier le 16 août 1742. Aussitôt Louis de se remarier avec Françoise Barbarin, sa cousine, né en 1698 — Ses deux fils, René et René-Vincent, ne sympathisant pas avec leur belle-mère, s'empressèrent de s'en éloigner dès que s'en offrit l'occasion. Elle appartenait à une famille d'origine Italienne, les Barberini, qui, venus à la suite des Médecis, se fixèrent dans le Poitou, et francisèrent leur nom — Louis mourut peu d'années après sa seconde femme, le 16 janvier 1761. On l'inhuma dans l'église Notre-Dame-la-Petite près des fonds baptismaux. (Voir son acte de décès).

H. — Fuyant leur belle-mère, n'ayant pour tout bagage que leur jeunesse, leur santé, la petite part d'héritage de leur mère et l'espoir, qu'à vingt ans on a toujours dans l'avenir, René et René-Vincent, poussés vers la Bretagne par on ne sait quel mobile, arrivèrent de Poitiers à Nantes et se livrèrent à l'étude de la médecine. Puis, les examens, exigés à cette époque, heureusement passés et pourvus de leurs diplômes, ils se fixèrent, René à Bouaye où il épousa le 9 août 1762, une jeune bourgeoise du pays, Marie David ; Vincent à Vüe où il s'unit à Marguerite Davodeau. Ce dernier, fait prisonnier dans le soulèvement vendéen, fut amené à Nantes et interné au Sanitat où le typhus lui épargna la noyade (29 novembre 1793). Il laissa plusieurs enfants tous morts depuis qui, avant de disparaître, firent rectifier, le 13 pluviôse an VI (23 décembre 1797), par le tribunal civil les erreurs commises dans son acte de décès.

Quant à René dont les descendants existent encore, il eût de Marie David six enfants : René-Marie et Pierre qui suivent ; Thomas dont le fils a laissé deux enfants ; Jean Marie, juge de paix à Bouaye, mort garçon en 1839 ; Louis, clerc tonsuré, réquisitionné en 1793 et mort d'une fièvre muqueuse à l'hôpital de Colmar ; enfin, une fille, Julienne, enlevée à 19 ans par une maladie de poitrine. Lui-même succomba, le 17 février 1797, à Chantenay où il s'était réfugié, pour fuir une contrée ravagée par la guerre civile et éviter le sort malheureux de son frère René Vincent.

I. — René Marie naquit à Bouaye le 19 décembre 1764. (Voir à cette date). Il exerçait la médecine à Nantes, quartier du Pilori, lorsqu'il épousa, en pleine Terreur, le 26 juin 1793 (8 messidor an II), Jeanne Elisabeth Pellard, troisième fille de Nicolas Pellard, capitaine de la compagnie des Indes et de Françoise Taillard, d'une très ancienne famille du Pellerin. Profitant du calme relatif qui régnait dans ce pays, dévasté, les années précédentes, par les armées vendéennes et républicaines, il vint s'y fixer en 1796. Il y mourut, jeune encore, en 1816, laissant trois enfants : 1° Aimée née en 1794 mariée à Olivier Broband, morte en couches en 1822 ; 2° Zoé, née le 26 mars 1797, décédée le 3 novembre 1883, à l'âge de 86 ans ; 3° René qui suit plus loin.

René Marie avait un frère, Pierre Deveillechèze venu au monde le 18 janvier 1769. Il embrassa la Carrière maritime et fut embarqué comme lieutenant en second à bord du Corsaire *le Chéry*, de Nantes, du port de 600 tonneaux, « armé de 22 canons, » pour faire la course aux ennemis de l'Etat. Le 5 janvier 1798, ce navire soutint un combat inégal contre la Frégate Anglaise la Pomonne armée de 46 canons. *Le Chéry* fut coulé après un combat acharné et ce ne fut qu'au moment de le voir disparaître, que son équipage consentit à se rendre. — Fait prisonnier sur parole (voir son dossier) et autorisé à revenir en France il s'y maria, en attendant d'être échangé, car il ne le fut régulièrement que le 22 juin 1799. On lit sur son cartel d'échange l'annotation suivante du représentant Niou chargé des intérêts français à Londres : « Échangé conformément à mes « instructions et d'après l'autorisation du Ministre de la « Marine pour s'être défendu avec un courage héroïque « et jusqu'à ce que le bâtiment fut prêt à couler. » — Il reprit la mer comme aspirant, puis comme lieutenant en pied à bord de la canonnière n° 87 — Rentré dans ses foyers en juin 1805, il fut, en 1806, eu égard à ses services, nommé percepteur au Pellerin ; il en remplit les fonctions sans interruption jusqu'au mois d'octobre 1836, époque de son décès. (Voir les *Oubliés*; *Corsaire le Chéry*, par Stéphane de la Nicollière, archiviste de la ville de Nantes. Vannes, Imprimerie Lafolye, 1893.) — Se trouvait avec lui, à bord du *Chéry*, son frère Thomas en qualité de 1er chirurgien, qui n'étant pas considéré comme combattant, fut immédiatement rapatrié. — Pierre de Veillechèze avait épousé à Nantes, le 30 août 1798, Reine Louise Trouillard. Il en eût une fille unique, Victorine, mariée à René, son cousin germain.

J. — René de Veillechèze, fils de René Marie et de Jeanne Élisabeth Pellard, naquit au Pellerin le 1er avril 1803. Il perdit son père à treize ans et, comme lui, exerça la médecine. Il s'unit, le 7 novembre 1826 à Victorine sa cousine germaine et en eût deux enfants : 1° Alfred Pierre René, ci-après ; 2° Victorine Marie Reine, née le 24 août 1829, mariée, le 31 janvier 1854, au docteur Étienne Benoît.

Fixé au Pellerin, René de Veillechèze y fut pendant trente ans, maire, suppléant du juge de paix, conseiller d'arrondissement, enfin conseiller général du département. Il était, en outre, vice-président du comice agricole du canton de Bourgneuf dont était président et fondateur le comte de Juigné, député. — Décoré de la Légion d'honneur en 1868, M. René de Veillechèze, après une vie de désintéressement et de dévouement, s'est éteint le 13 septembre 1878, à l'âge de 75 ans.

K. — Alfred, Pierre René, fils de René et de Victorine de Veillechèze, vint au monde le 8 septembre 1827. Il a épousé, le 16 novembre 1859, Clarisse Chenantais, sa cousine, dont il n'a pas eu de postérité.

La famille René de Veillechèze est aujourd'hui représentée par les enfants de Mme E. Benoist née Victorine de Veillechèze, savoir :

1° Marie Renée Benoist mariée le 17 avril 1883 à Louis Couëtoux, receveur des domaines aux Sables-d'Olonne, fils de Charles Couëtoux, conservateur des hypothèques à Saint-Lô (Manche), et de Caroline Collas, dont deux fils : René et Louis ;

2° René Benoist, né le 28 octobre 1861, marié le 1ᵉʳ juin 1892 à Julie Delasalle fille de Jules-Hippolyte commissaire inspecteur de la marine, chevalier de la légion d'honneur, et d'Elisabeth de Marolles, dont quatre enfants : Anna, Elisabeth, Marie et René.

Comme on le voit, notre branche est restée fidèle au nom de René qu'a honoré, il y a plus d'un siècle et demi, le vénérable curé de Saint-Didier, et, pour n'être plus d'ici peu porté par des de Veillechèze, il n'en continuera pas moins, je l'espère, d'être toujours dignement porté par ses arrière petits-neveux.

Nantes, le 25 novembre 1898,

A. DE VEILLECHÈZE.

FILIATION SUIVIE

A	Pierre	de Veillechèze.	marié à	Catherine Le Riche.	vers 1559.
B	François	de Veillechèze.	id.	Jeanne Lucas.	id. 1560.
C	Pierre	de Veillechèze,	id.	Gabrielle Bardon.	janvier 1590.
D	Michel	de Veillechèze, né 29 septembre 1601,	id.	Catherine Denyort.	22 mars 1628.
E	Jean	de Veillechèze, né 19 janvier 1636.	id.	Marthe Morillon.	16 février 1662
F	Anselme	de Veillechèze, né 16 novembre 1666.	id.	Angélique Richault.	vers 1693.
G	Louis	de Veillechèze, né 1697.	id.	Catherine de Marconnay,	21 juin 1723.
H	René	de Veillechèze, né 17 février 1733.	id.	Marie David.	19 décembre 1764.
I	René-Marie	de Veillechèze, né 19 décembre 1764.	id.	Jeanne-Elisabeth Pellard,	26 juin 1793.
J	René	de Veillechèze, né 1er avril 1803.	id.	Victorine de Veillechèze.	7 novembre 1826.
K	Alfred-Pierre-René	de Veillechèze, né 18 septembre 1827.	id.	Clarisse Chenantais.	16 id. 1859.

VANNES

IMPRIMERIE LAFOLYE

1899

www.ingramcontent.com/pod-product-compliance
Lightning Source LLC
Chambersburg PA
CBHW061017050426
42453CB00009B/1493